Elisabeth Zöller

Paula ist doch schon groß

Illustrationen von Silke Brix-Henker

Die Deutsche Bibliothek – CIP-Einheitsaufnahme

Paula ist doch schon groß / Elisabeth Zöller.
Ill. von Silke Brix-Henker.
– 1. Aufl. – Bindlach : Loewe, 1999
(Lesespatz)
ISBN 3-7855-3174-5

Dieses Buch ist auf chlorfrei gebleichtem Papier gedruckt.

ISBN 3-7855-3174-5 – 1. Auflage 1999
© 1999 Loewe Verlag GmbH, Bindlach
Umschlagzeichnung: Silke Brix-Henker

Inhalt

Das Babyzimmer

„Ich bin schon groß!",
ruft Paula.
„Ich will nicht mehr
das Babyzimmer
hinter der Küche."

Paula ist wütend.
Immer stürmt Mama herein,
ohne zu klopfen.

Da kommt Mama
schon wieder.

„Magst du eine Mandarine,
Paula?", fragt Mama.

„Nein", sagt Paula.

„Ich will endlich
das große Zimmer
oben unterm Dach.
Ihr habt es versprochen!"

Da kommt Mama
schon wieder.
„Hast du meine Schere?"

„Nein", ruft Paula.
„Jetzt lass mich in Ruhe!"

Mama wühlt überall.
Auch in Paulas Geheimfach!

Paula springt auf:
„Ich ziehe aus.
Das hält keiner aus
mit so einer Mama."

Paula zieht aus

Paula holt den Rucksack
vom Schrank herunter.

Sie stopft einen Pullover,
Schokolade und
den Bären Pim hinein.

Mama fragt:
„Wohin willst du denn?"

Paula erschrickt.
Wohin soll sie gehen?

Da fällt es ihr ein.

Auf den Spielplatz!
In das Holzhaus.
Da will sie hin.

„Ich gehe jetzt",
sagt Paula.
Aber sie sagt nicht, wohin.
„Schöne Grüße an Papa!"

Mama schaut traurig.

„Blöde Mama!",
denkt Paula.

Das Holzhaus

Paula gibt sich
einen Ruck.
Die Haustür schlägt zu.

Hui, macht der Wind.
Paula läuft los.

Die Bäume
sausen vorbei.

Paula zählt
zehnmal bis zehn.

Und schon
ist sie da.

Sie hat Hunger.
Sie setzt sich
unter einen Baum.

Sie isst,
bis der Rucksack
leer ist.
Und ihr Bauch
ganz voll.

Es wird schon
ein bisschen dunkel.
Alle anderen Kinder
gehen heim.

Paula geht mit Pim
in das Holzhaus.

Unheimliche Geräusche

Hui, macht der Wind.
Paula schaut
aus dem Fenster.
Da drüben wohnen
Mama und Papa.

Hui, macht der Wind.
Aber Pim hat
auch keine Angst.

Doch was war das?
Paula hat etwas gehört.
Schritte!
Die kommen näher.

Fast am Haus
sind sie.
Da! Ein Schatten.

Paula starrt hinaus.
Ihr Herz klopft laut.

Die Laternen gehen an.

Wieder Schritte.
Da! Ein Scharren.
Als ob jemand
im Sand gräbt.

Ein Räuber,
denkt Paula.
Das ist ein Räuber.
Ganz sicher!

Paulas Herz klopft laut.
Hui, macht der Wind.
Er saust
um das Haus.
Paulas Herz
bubbert lauter.

Der Räuber vergräbt
bestimmt einen Schatz.
Vielleicht sogar eine Schatzkiste.

Paula starrt
wieder hinaus.
Aber sie
kann den Räuber
nicht sehen.

„Was sollen wir
bloß machen?",
fragt Paula Pim.
Aber nur ganz leise.

Die Flucht

„Wir müssen hier weg",
flüstert sie in Pims Ohr.

Paula tastet sich
zur Tür.

Sie wartet.
Sie hält
den Atem an.

Sie öffnet die Tür.
Langsam!

Ganz langsam!

Hui, macht der Wind.
Und der Räuber
scharrt weiter.

Paula rennt weg.
So schnell
wie der Wind!

Sie versteckt sich
hinter einem Baum.

Paula schaut zurück.
Da ist wirklich einer!

Ist das nicht
Toms Papa?

Ist Toms Papa
ein Räuber?

„Da ist er ja!",
ruft er plötzlich.

Jetzt sieht
Toms Papa Paula.
„Was machst du
denn hier, Paula?"

„Ach, nichts",
murmelt Paula.
„Und was machst du?"

Toms Papa hält
einen Schmusehasen hoch:
„Der war hier verbuddelt.
Den braucht Tom
zum Schlafen."

Versprochen ist versprochen

Paula geht mit.
Wie von selbst.

Vor Paulas Haus
sagt Toms Papa tschüss.

Da geht die Tür auf:
Papa und Mama!

„Gut, dass du da bist",
rufen sie beide.

Papa zeigt nach oben:
„Du wohnst jetzt
in deinem neuen Zimmer.
Unterm Dach."

„Echt?", fragt Paula.

„Versprochen ist versprochen!",
sagt Mama.

Paula tanzt
im Kreis herum.

Papa lacht.
„Die große Paula
braucht eben
das große Zimmer!"

Und dann rennt Paula
die Treppe hinauf
und ruft:

„Paula ist
doch groß!"

LESE SPATZ

Allererster Leseerfolg

Jana Frey · Silke Brix-Henker
Jasper hat doch keine Angst

Anne Braun · Sabine Kraushaar
Guten Tag, kleiner Hund!

Sigrid Gregor
Kasimir, das Schlottergespenst

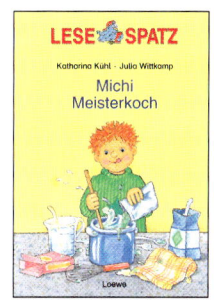

Katharina Kühl · Julia Wittkamp
Michi Meisterkoch

Cornelia Funke
Das verzauberte Klassenzimmer

Ingrid Uebe · Petra Probst
Für Nina von Tim

Cornelia Funke
Verflixt und zugehext

Salah Naoura · Dorothea Tust
Der rote Lolli

Annelies Schwarz · Hildegard Müller
Anatol hat Rabenhunger

Annelies Schwarz · Sabine Kraushaar
Die Buchstabenhexe

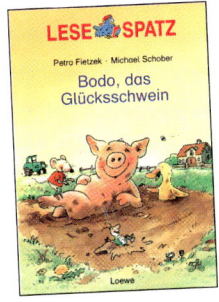

Petra Fietzek · Michael Schober
Bodo, das Glücksschwein

Petra Fietzek · Katharina Wieker
Ritter Karuso und die Zauberrüstung

Loewe